Heinz D. Rasch

Graffiti am MTV-Platz in Lüneburg

Impressum:

Copyright © 2014 Heinz D. Rasch

Verlag: Bacarasoft
Bad Harzburg, bacarasoft.de
ISBN: 978-3-945222-14-0

Die Deutsche Nationalbibliothek
verzeichnet diese Publikation in der
Deutschen Nationalbibliografie; de-
taillierte bibliografische Daten sind
im Internet über http://dnb.ddb.de

abrufbar.

MTV TREUBUND
LÜNEBURG
von 1848 e.V.

Ein Bauzaun am MTV-Platz in Lüneburg mit interessanten Graffiti, leider vergänglich.

Im Jahre 2014 noch sichtbar.

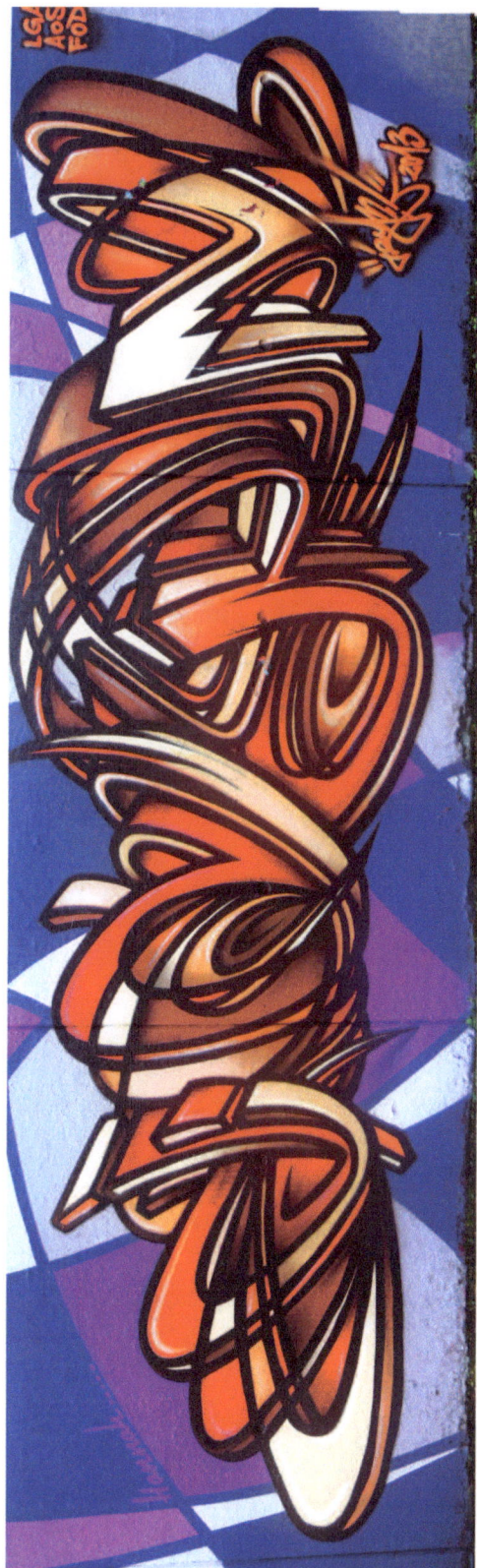

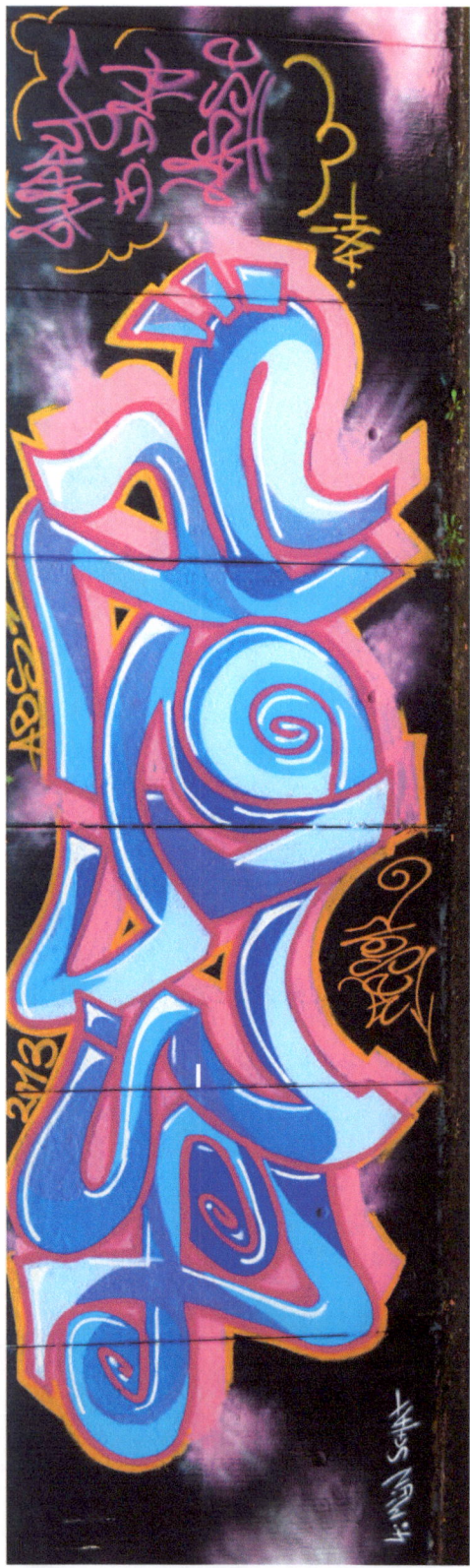

TEAM HEIDE

DIE HEIDE BRENNT!

www.team-heide.de

www.mtv-lueneburg.de

www.bbers.de

Bücher und e-books
bei Amazon erhältlich

Heinz D. Rasch

Graffiti an der
Limmat in Zürich

e-book

Heinz D. Rasch

Graffiti an der
Limmat in Zürich

Buch

Graffiti am MTV
in Lüneburg

Heinz D. Rasch

e-book

Heinz D. Rasch

Graffiti 2000 - 2005
am Bernhard Riemann Gymnasium

e-book

weitere Angebote unter www.bacarasoft.de